LA DEVIATION
SATANIQUE DE LA
RACE NOIRE

DR. D. K. OLUKOYA

DR. D.K. OLUKOYA

LA DEVIATION SATANIQUE DE LA RACE NOIRE

Ministère de la Montagne de Feu et des Miracles
Lagos - Nigéria

1

LA DEVIATION SATANIQUE DE LA RACE NOIRE
Version Française : Imprimée Mars 2005

DR. D.K. OLUKOYA

© 2005 : ISBN: **978-0692711569**

Ministères de la Montagne de feu et des Miracles

Imprimé Au Nigéria.

Toutes les citations Bibliques proviennent de la Bible Louis-Segond, Edition Revue.

Image de la couverture par: Soeur Sade Olukoya

Mars, 2005

AUTRES LIVRES FRANÇAIS ECRITS PAR DR. D.K. OLUKOYA

- Pluie de Prieres
- Frappez L'adversaire et il fuira
- En finir avec les forces malefiques de la maison de ton pere
- Esprit de vagabondage
- Que l'envoutement perisse
- Comment se delivrer soi-même
- Pouvoir Contre les Terroristes Spirituels
- Prières de Percées pour les hommes d'affaires
- Prier Jusqu'à Remporter la Victoire
- Prières Violentes pour humilier les problèmes opiniâtres
- Le Combat Spirituel et le Foyer
- Bilan Spirituel Personnel
- Victoire sur les Rêves Sataniques
- Se Liberer des alliances maléfiques
- Revoquer les décrets maléfiques
- La delivrance: le flacon de medicament de Dieu
- Prieres pour detruire les maladies et les infirmités
- Comment recevoir la delivrance du mari de nuit et de la femme de nuit
- La delivrance de la tête
- Quand les choses deviennent difficiles
- Le mauvais cri de l'idole de votre famille
- Priere de guerre contre 70 esprits déchainé
- Cantiques MFM
- Prière Aidant à prendre le vol comme les aigles (en anglais, Hausa, Igbo et Yorouba) 1998 Soixante Dix jours de Prières et de Jeûne)
- Prières qui aboutissent aux Accroissements Explosifs (Le

programme de prières et de jeûnes pour soixante-dix jours pour l"année 1999).

Prières pour les cieux ouverts, les commencements nouveaux et le feu ardent (Le programme de prières et de jeûnes pour soixante-dix jours pour l"année 2000).

Prières pour vous permettre d'accomplir votre destin divin. (Le programme de prières et de jeûnes pour soixante-dix jours pour l'année 2001).

Ces livres et les autres publications peuvent être obtenus à :

Mountain of Fire and Miracles Ministries

13, Olasimbo St. Onike, Yaba, Lagos

P.O. Box 2990, Sabo, Yaba-Lagos

Tel: 00234-8023436873

E-mail:MFM@nigol.net.com.

MFM@micro.com

Ou Dans les grandes librairies chrétiennes.

TABLE DE MATIERES

Ce livre a été conçu par le Saint Esprit pour changer les vies et les situations. Ce n'est pas un livre ordinaire. S'il vous plaît, faites ces points de prières agressives avant de commencer à le lire.

POINTS DE PRIÈRES

1- Je refuse d'obéir à toute instruction satanique, au nom de Jésus
2- Je m'élève contre toute opération et toute activité de l'esprit de la mort et de l'enfer, au nom de Jésus
3- Toute forteresse satanique campant contre moi, sois rôtie, au nom de Jésus
4- Que toute attaque façonnée contre mon progrès soit frustrée, au nom de Jésus
5- Je paralyse tout pouvoir bloquant ma vision spirituelle, au nom de Jésus
6- Saint Esprit, remplis-moi de feu nouveau, au nom de Jésus
7- Remercie le Seigneur pour la section de prière

INTRODUCTION

Ce message a pour but d'éclairer nos esprits et d'expliquer certaines questions qui auraient agité l'esprit de beaucoup de gens

Je lis le Psaume 42: 8

« Un flot appelle un autre flot au bruit de tes ondées». Il se peut que certaines choses que je vais dire dans ce livre soient nouvelles pour quelques gens, mais l'idée est de les mettre par écrit jusqu'à ce qu'elles pénètrent dans vos vies individuelles.

Beaucoup de déclarations ont été faites sur le Christianisme par des gens éduqués, y compris les africains. Certains nous disent que le Christianisme est une religion étrangère, que c'est quelque chose qui a été importé et ils ne comprennent pas pourquoi nous le prenons aussi sérieusement. D'autres pensent que c'est une culture de l'homme blanc. Beaucoup de ces gens éduqués, argumentent que si vous posez un bout de bouteille par terre, et décidez que c'est votre dieu, alors c'est votre dieu. Même si ce n'est pas un bout de bouteille, mais un bâton dans votre chambre, à partir du moment où vous croyez que c'est votre dieu, alors vous pouvez continuer à l'adorer.

Ils oublient les mots de l'Ecriture Sainte dans le Psaume 115: 4 – 8 qui disent,

« Leurs idoles sont de l'argent et de l'or, elles sont l'ouvrage de la main des hommes. Elles ont une bouche et ne parlent point, elles ont des yeux et ne voient point, elles ont des oreilles et n'entendent point, elles ont un nez et ne sentent point, des pieds et ne marchent point, elles ne produisent aucun son dans leur gosier. Ils leur ressemblent, ceux qui les fabriquent, tous ceux qui se confient en elles.

Ceci est une déclaration effrayante. Comme ils sont sourds et muets, ceux qui les adorent sont également sourds et muets.

Il y a plusieurs années, quand j'étais à l'université, il y avait un jeune homme qui argumentait ce verset de manière très cohérente, pour prouver que nous devrions retourner vers les idoles sourdes que nous servions et il a convaincu beaucoup de gens.

Ce jeune homme a argumenté et a essayé de réduire Dieu à un tube d'expérimentation. Cependant, Dieu ne peut être réduit à une expérience. Mais quelque chose m'a choqué, il y a juste quelques mois. J'ai vu ici le frère et lui ai demandé. «Mon ami, qu'est-ce que tu fais à la montagne de feu et des miracles ? Ici nous faisons appel au Dieu vivant». Il a répondu «Que le Ciel nous aide» Et il a continué en disant qu'il n'est pas venu ici par hasard. Il est allé à une fête où il a rencontré une fille, et ils ont commis l'immoralité. Mais il n'était pas satisfait, et alors il a demandé s'il pourrait la suivre chez elle. Il a également demandé à la fille si elle était mariée ou non et elle a dit "Non". Il a alors répliqué «D'accord, allons-y»

Ainsi ils sont allés chez elle, et ont fermé la porte. Alors qu'ils allaient s'installer et continuer à jouir de leur péché, un coup a été frappé à la porte. L'homme a demandé « Qui frappe ? » La femme a répondu « Mon mari » L'homme a dit « Mais tu m'as dit que tu n'étais pas mariée ». « C'était un lapsus » a dit la femme. L'homme a demandé. « Qu'est-ce que je peux faire maintenant ? » Et la femme lui a dit de se cacher sous le lit. Mais on frappait toujours agressivement à la porte et le frère s'est alors caché sous le lit. Il était effrayé de l'agression avec laquelle l'homme frappait à la porte et il a pensé que si un homme qui frappait de cette manière à la porte entrait et le trouvait là, seuls les cieux pourraient lui venir en aide.

Alors il dit à la femme. « Ce n'est pas trop tard maintenant, est-ce que je peux sauter par la fenêtre ? » La femme lui a dit : « Oui ». Alors il a sauté et s'est retrouvé dans un cimetière. Il ne savait d'où il avait sauté. Il s'est juste retrouvé en train de marcher en rond dans le cimetière. Il est éventuellement passé par le portail et à partir de ce moment, sa vie n'a plus jamais été la même. Des problèmes ont commencé ici et là et c'était ce qui l'avait amené à MFM. Le même Jésus qu'il ne voulait pas servir, est Celui qui l'a délivré.

Il y avait un autre cas. Quand j'étais à l'université, il y avait un professeur qui enseignait la physique. Pendant un cours de quarante-cinq minutes, il passait une demi-heure à dire aux étudiants qu'il n'y avait pas de Dieu et quinze minutes pour la physique. Ce qui était étonnant, il gagnait des convertis et il y avait des gens qui le croyaient. Ceux qui allaient à l'Église avant arrêtaient d'y aller à cause de ce que ce professeur enseignait.

Je me rappelle un garçon qui s'appelait Sunday, qui était un garçon bien et qui allait régulièrement à l'église ; mais après avoir été séduit par ce professeur avec sa logique démoniaque, il a aussi arrêté d'aller à l'église. Mais quelque chose lui était arrivée une nuit qui l'a changé pour toujours. Il revenait d'une fête à 1 heure du matin quant tout à coup, du coin d'un buisson, il a vu un homme nu portant un pot de sacrifice. Quand Sunday a regardé de plus près, et a vu que c'était le professeur, il l'a appelé, mais l'homme n'a pas répondu. Sunday a alors retrouvé ses esprits. Il s'est dit : « Cet homme vient dans la salle de classe et dit qu'il n'y a pas de Dieu, mais ici il règle ses problèmes avec le diable la nuit ». Cela l'a changé.

C'est la déception que vous trouvez parfois chez les gens soit disant éduqués. Quelquefois, vous ne pouvez pas les blâmer, parce que les premiers pères (pentecôtistes) avaient nettoyé les forêts, les démons qui se déplaçaient librement et les choses maléfiques qui avalaient les gens vivants. Par conséquent, quelqu'un peut mettre maintenant un "costume trois pièces" et dire qu'il n'y a pas de Dieu. A cette époque-là, quand les sorciers se déplaçaient l'après-midi, vous n'avez même besoin d'être convaincu qu'il y a Dieu. Même si vous ne croyez pas en Dieu, vous croyez qu'il y a un pouvoir maléfique qui peut tuer.

Beaucoup de gens qui s'interrogent sur le Christianisme ici, verront, s'ils vont à l'étranger, que l'homme blanc est reparti vers la sorcellerie qui nous a mis dans des problèmes.

Un de mes amis était en train de prêcher en Europe quand tout à coup il a éclaté en sanglots. Il a alors dit : « Vous, vous nous avez apporté le Christianisme, vous êtes maintenant avec les idoles sourdes que nous essayions de rejeter ». Il a alors lancé un appel à la congrégation. « Si vous êtes un sorcier ou un mage et vous êtes dans cette réunion, sortez et présentez-vous ! » Le pasteur de l'église était choqué de voir des hommes et des femmes blancs sortir en masse pour renoncer à la sorcellerie.

Voyagez à l'étranger maintenant, et dans toutes les librairies populaires, vous trouverez une section avec des livres sur l'occultisme. Des livres traitant de comment devenir un sorcier ne sont pas difficiles à trouver.

Donc beaucoup de ces argumentations continuent. Pourquoi êtes-vous autant intéressés sur quelque chose que l'homme blanc a apporté et auquel il ne s'intéresse plus, c'est-à-dire le Christianisme.

On nous raconte tous genres d'histoires étranges sur l'homme noir, et même si les gens n'en racontent pas, il y a beaucoup de choses que vous-même pouvez noter.

TRAITS DISTINCTIFS DE L'HOMME NOIR

➤ Un quart de la population mondiale vit dans un état de pauvreté extrême

➤ Le 1/5 qui constitue les plus riches a un revenu qui est 60 fois plus grand que celui des 4/5 qui sont les plus pauvres, deux fois la disparité d'il y a trente ans.

➤ Les 50 pays les plus pauvres, pour la plupart en Afrique, sont les foyers du 1/5 de la population mondiale, et qui produisent moins de 2% du revenu global.

➤ Les économies africaines, qui sont environ 10 pour cent de la population mondiale, comptent pour 0,4 pour cent des exportations manufacturières et moins d'un pour cent du commerce mondial

➤ Le coût en plus de l'aide liée représente plus de 15 pour cent de l'aide fournie ce qui est égal à environ 4 milliards de dollars par an, et plus que le budget entier de l'aide britannique. Environ 8.000 milliards d'aide ont été effectuées entre 1980 et 1992 en Afrique seulement.

➤ Environ 35 000 enfants meurent chaque jour, de maladies préventives

> Le plus grand nombre de tueurs de noirs sont les noirs eux-mêmes. Noir contre noir

> Vous remarquerez que dans la race noire, la personne inférieure est élevée et le supérieur rabaissé.

> Quelqu'un monte sur une échelle, mais l'enlève pour que personne ne puisse y monter

> L'Afrique est un cimetière de vies gaspillées et de potentiels enterrés

> Un père sait qu'il a quelque chose qui aidera ses enfants mais il ne le leur dira pas et préfèrera cacher ces choses.

> La personne la plus proche de quelqu'un sera occupée à détruire cette personne dans le monde de l'esprit, et emmènera la même personne partout pour chercher de l'assistance

> La première personne à être tuée est probablement celle qui apportera le progrès dans le groupe

Personne n'a besoin de nous raconter ces histoires, nous les connaissons. Alors, qu'est-ce qui ne va pas exactement avec l'homme noir? Pourquoi nous raconte t-on des histoires étranges?

Un homme blanc a fait une plaisanterie d'un très mauvais goût en Angleterre et a dit que quand Dieu créait le monde et est arrivé au Nigéria et mettait du pétrole, du charbon et des minéraux dans le sol, des gens ont protesté et demandé «Dieu pourquoi tu leur donnes tant?» L'homme a continué;

14

Dieu alors a ri et a dit "attendez pour voir le type de gens que je vais mettre là bas, et voyons s'ils pourront le gérer ou pas.»

Pourquoi racontent-ils ces genres d'histoires sur nous? Qu'est-ce qui ne va pas réellement, bien-aimés, avec l'homme noir?

Des gens ont raconté qu'au moment où Dieu créait les hommes, il avait une piscine et voulait qu'ils s'y lavent. Quand l'eau était propre, l'homme blanc a sauté dedans, s'est lavé et en est sorti tout blanc. En ce moment, l'eau était un peu sale. Quand le chinois a sauté dedans, et en est sorti, il était un peu sombre. L'eau était plus sale. Quand l'eau était très sale, l'homme noir a sauté dedans et ainsi est devenu noir.

Pourquoi les gens font-ils de telles déclarations?

Pourquoi disent-ils aussi: «L'homme noir moyen est nul en matière d'organisation? Quelle est l'explication pour nos trésors qui sont en train d'être mal utilisés? Pourquoi quelqu'un apporterait un bout de miroir et en échange, obtiendrait cinquante esclaves?

QUELLE EST LA RAISON DE NOTRE DOMINATION?

Avez-vous remarqué que le continent africain en entier connu comme "Le continent ténébreux" a été ravagé et pillé par l'homme blanc, qui a emmené les gens au loin pendant le commerce des esclaves? Pourquoi avons-nous dû passer par cette expérience horrifiante du commerce des esclaves où des gens étaient empaquetés comme des sardines dans un bateau? Si par malheur vous tombiez malades, il n'y avait aucun traitement; ils prenaient juste le malade et le jetaient par-dessus bord dans la mer. Quand ils arrivaient dans les plantations, on leur fermait la bouche avec des cadenas pour qu'ils ne puissent pas manger de la canne à sucre. Et Dieu s'asseyait sur Son trône et observait toutes ces choses qui se passaient.

Pourquoi est-il si difficile de trouver une seule nation noire qui fonctionne bien? Comment se fait-il que nous ne contribuons pas à la plupart des bonnes choses qui se passent dans le monde? Pourquoi y a-t-il cette attaque démoniaque et diabolique venant de l'enfer pour empêcher les noirs d'exercer leur mandat spirituel et physique? Est-ce que Dieu a un dessein pour l'homme noir? Quel est réellement le dessein de Dieu pour les noirs?

INTERVENTION DU MISSIONNAIRE BLANC

Les missionnaires blancs n'avaient pas non plus arrangé les choses. Ils ont appelé certains noms des noms Chrétiens et ont dit que d'autres ne l'étaient pas. Par exemple, onyekachi (un nom ibo du Nigéria) signifie «qui est plus grand que Dieu» Philippe que l'on trouve dans la Bible, (et la plupart des gens le préfèrent à onyekachi) signifie "un amoureux des chevaux». Donc, ce n'est pas votre nom qui fait de vous un Chrétien. Le Christianisme n'est pas un sujet de noms mais concerne votre relation avec le Seigneur Jésus Christ.

Ils nous ont aussi dit qu'il y avait un endroit qu'on appelle la Terre Sainte. La Bible ne reconnaît aucun endroit appelé la Terre Sainte. Ce que la Bible reconnaît est ceci, quand deux ou trois se réunissent en mon Nom (Jésus), là, je serai parmi eux.

Ceux qui ont apporté le Christianisme ici n'avaient pas réellement compris notre environnement spirituel et les hommes forts chargés du peuple africain. Par conséquent, quand ils construisaient leurs églises, ils ne savaient pas comment exorciser la terre et ordonner aux démons là bas de s'enfuir. La terre était déjà un autel de l'ennemi, maintenant une église y était construite sur cet autel ; bientôt, les démons ont commencé à venir en masse dans l'église et tout membre important de l'église devenait un membre de loge. Parce que les églises étaient construites sur des autels et les missionnaires ne comprenaient où ils étaient. Ces premières églises en Afrique n'avaient pas de feu pour éteindre la renaissance satanique.

Dans beaucoup de cas, c'était juste un changement d'une idole à l'autre. Les gens abandonnaient leurs idoles locales, ou les gardaient toujours chez eux et suivaient une autre qu'ils appelaient Marie. Le genre d'honneur démoniaque que les gens donnent à Marie aujourd'hui n'est pas dans la Bible. En fait, Marie elle-même s'avait qu'elle était une pécheresse, et avait besoin du baptême du Saint Esprit et était l'une des personnes qui étaient réunies dans la chambre haute.

C'est dommage que des gens défendent Marie aujourd'hui, mais refusent de suivre Marie dans la chambre haute où elle était devenue feu. Et Dieu merci qu'elle était l'une des gens qui avaient reçus le baptême du Saint Esprit et parlé en langues. Dieu nous a placés ici pour un but et ce dessein est clair dans les Ecritures Saintes.

UEL EST LE DESSEIN DE DIEU POUR L'HOMME NOIR?

Quel est le dessein de Dieu concernant l'homme noir d'après les Ecritures Saintes? Et qu'est-ce qui a empêché l'homme noir d'accomplir ce dessein? Quelles sont les forces soutenant ce détournement satanique? Si vous examinez la Bible, vous allez voir que la pauvreté, le logement de basse classe et une éducation insuffisante ne devraient pas seulement être attribués aux noirs tout le temps.

Dans la Bible, chaque fois que le monde a été en crise, Dieu a toujours fait apparaître sur la scène un noir, pour montrer le chemin.

Chaque fois que Dieu a une étape majeure à prendre dans l'histoire spirituelle, un noir est toujours arrivé.

REFERENCES DANS LES ECRITURES SAINTES

Nous allons examiner quelques Ecritures Saintes et je veux que vous réfléchissiez sur leurs implications.

KETURA ET LES ENFANTS D'ABRAHAM

Abraham, le père de la foi, a eu Ismaël par Agar, et Isaac par Sara. Ce que la plupart des gens ne savent pas est qu'Abraham a encore eu une autre femme qui a eu le plus grand nombre d'enfants de lui. Il avait épousé cette femme après la mort de Sara.

Gen 25: 1 – 2: « Abraham prit encore une femme nommée Ketura. Elle lui enfanta Zimran, Jokschan, Medan, Madian, Jischbak et Schuach ».

Ketura était de race noire. Si vous voulez étudier ceci profondément, étudiez Genèse, **chapitres 9 et 10**.

Les noirs ont toujours été présents depuis l'époque du Père Abraham. Abraham signifiait un grand changement dans l'histoire à cette époque, quand les gens ont commencé à suivre Dieu par la foi. Abraham était le père de la foi et n'avait pas besoin d'importer la foi séparément pour l'Afrique. Il avait des enfants qui avaient des relations fortes avec la race noire.

Il est intéressant de noter les noms de ces enfants. L'un s'appelait « Zimran » (dans le verset deux) signifie « musical » Peut-être voilà pourquoi la danse et la musique est si naturelle aux Africains. L'Africain n'a pas besoin d'aller dans une école de danse. Donc les noirs avaient une connection originaire et divine avec Père Abraham. Donc depuis le commencement, dans le programme original de Dieu, les noirs étaient impliqués.

JETHRO, LE BEAU – PERE DE MOÏSE

Moïse était un homme de Dieu puissant. Quand Dieu l'a enlevé d'Egypte, il a fallu un homme nommé Jéthro, pour lui apprendre les voies de Dieu. Moïse était le sauveur des enfants d'Israël de la terre d'Egypte.

Exode 2: 21 : « Moïse se décida à demeurer chez cet homme, qui lui donna pour femme Séphora, sa fille »

La femme de Moïse était Séphora et elle était éthiopienne. Si on référait à la fille comme une éthiopienne, alors nous savons que le père aussi était un éthiopien.

Exode 18: 2 – 5 : «Jéthro, beau-père de Moïse, prit Séphora, femme de Moïse, qui avait été renvoyée. Il prit aussi les deux fils de Séphora ; l'un se nommait Guershom, car Moïse avait dit : «J'habite un pays étranger ; l'autre se nommait Eliezer, car il avait dit : Le Dieu de mon père m'a secouru, et il m'a délivré de l'épée de pharaon. Jéthro, beau-père de Moïse, avec les fils et la femme de Moïse, vint au désert où il campait, à la montagne de Dieu».

Les étudiants de la Bible reconnaîtront que Moïse était attaqué à cause de sa femme. Jéthro était celui qui avait enseigné à Moïse les principes de ce que nous appelons «La division du travail dans la maison de Dieu». Moïse travaillait si dur et n'aboutissait à rien jusqu'à ce que cet homme arrive et lui montre comment diviser ses fonctions. Donc il est tout à fait d'entendre les noirs dire qu'ils ne peuvent pas se gouverner. C'est parce qu'il y a des forces spirituelles à l'œuvre.

Dans le livre de Nombre, chapitre 10, vous y trouverez un autre homme noir. Quand les enfants d'Israël allaient vers la terre promise, un homme noir a dû arriver pour leur montrer le chemin. Le nom de cet homme était Hobab le fils de Réuel.
Réuel est un autre nom pour Jéthro, le beau-père de Moïse.
Nombres 10: 29 32
«Moïse dit à Hobab, fils de Réuel, le Madianite, beau-père de

Moïse : nous partons pour le lieu dont l'Eternel a dit : Je vous le donnerai. Viens avec nous, et nous te ferons du bien, car l'Eternel a promis de faire du bien à Israël. Hobab lui répondit : je n'irai point ; mais j'irai dans mon pays et dans ma patrie. Et Moïse dit : Ne nous quitte pas, je te prie, puisque tu connais les lieux où nous campons dans le désert, tu nous serviras de guide. Et si tu viens avec nous, nous te ferons jouir du bien que l'Eternel nous fera».

Eventuellement, cet homme partit avec eux, parce qu'on lui avait demandé d'agir comme leurs yeux, comme un éclaireur pour le peuple d'Israël. Donc le dessein de Dieu est d'utiliser la race noire comme l'œil spirituel des nations. Mais où en sommes-nous maintenant ? L'homme Hobab a dirigé les Israélites vers la terre promise. Ce qui veut dire que les hommes noirs ont toujours été en présence de Dieu depuis le commencement. Ils ont toujours été là et Dieu a toujours compté sur eux au moment des crises.

EBED – MELECH , L'ETHIOPIEN

Le prophète Jérémie avait été jeté dans un donjon quand il y avait une crise sérieuse en Israël.

Jérémie. 38 : 6 – 13

« Alors ils prirent Jérémie, et le jetèrent dans la citerne de Malkija, fils du roi, laquelle se trouvait dans la cour de la prison ; ils descendirent Jérémie avec des cordes. Il n'y avait point d'eau dans la citerne, mais il y avait de *la boue; et Jérémie s'enfonça dans la boue. Ebed – Melech, l'Ethiopien, eunuque qui était dans la maison du roi, apprit qu'on avait mis Jérémie* dans la citerne. Le roi était assis à la porte de Benjamin. Ebed-Mélec sortit de la maison du roi et parla ainsi au roi: O roi, mon seïgneur, ces hommes ont mal agi en traitant de la sorte Jérémie, le prophète, en le jetant dans la citerne ; il mourra de faim là où il est, car il n'y a plus de pain dans la ville.

Le roi donna cet ordre à Ebed-Melec, l'Ethiopien ; Prends ici trente hommes avec toi, et tu retireras de la citerne Jérémie, le prophète, avant qu'il ne meure. Ebed-Melec prit avec lui les hommes et se rendit à la maison du roi, dans un lieu au-dessous du trésor; il en sortit des lambeaux usés et de vieux haillons, et les descendit à Jérémie dans la citerne avec des cordes. Ebed-Mélec, l'Ethiopien, dit à Jérémie ; mets ces lambeaux usés et ces haillons sous tes aisselles, sous les cordes. Et Jérémie fit ainsi. Ils tirèrent Jérémie avec les cordes, et le firent monter hors de la citerne. Jérémie resta dans la cour de la prison».

Les lamentations de Jérémie sont venues de la citerne. Ebed-Melec était un Ethiopien, un homme noir. Il est venu sur la scène et comme il ne savait pas comment sauver Jérémie, il a attaché des haillons ensemble et l'a tiré de là. Un homme noir est venu au secours du prophète de Dieu à l' heure de son besoin.

Beaucoup de gens ne savent pas que le Christianisme purge toutes les cultures. Ils concluent que le Christianisme est une religion de l'homme blanc et l'adoration des ancêtres est recommandée comme la religion des africains. Le Christianisme, au contraire, est vraiment une religion africaine. C'est une erreur de dire que le Christianisme est une affaire européenne et que nous devrions retourner à notre adoration des idoles.

L'adoration des idoles est aussi vieille que l'époque de la chute d'Adam. Toutes les nations du monde, y compris les Africains, se sont adonnés à l'idolâtrie.

Les Arabes avaient l'habitude d'adorer les "Jinns" (esprits).

Stonehenge au Sud de l'Angleterre est une évidence claire du "Druidisme", qui était une adoration athée des premiers habitants du Royaume-Uni. Le sacrifice humain faisait partie de l'adoration Druide et a été seulement abolie à l'époque romaine.

Alors que l'adoration païenne faisait partie de la religion des Philistins, des Grecs et des Romains, ils pouvaient changer à d'autres religions de leur choix. Pourquoi cela ne serait pas le cas de l'Afrique? Les Britanniques ne réclament plus le "Druidisme" comme leur religion.

HISTOIRE DU CHRISTIANISME EN AFRIQUE

Les missionnaires qui avaient apporté l'évangile en Afrique ne sont pas les premiers représentants du Christianisme sur notre continent. L'histoire montre actuellement que les liens du Christianisme sont plus proches de l'Afrique que de l'Europe ou de l'Amérique du Nord.

La Bible présente plusieurs faits historiques sur la relation de l'Afrique avec la Palestine (la terre de la Bible). C'était en sortant de leur servitude en Afrique que Dieu a racheté son peuple. L'Egypte fait partie de l'Afrique.

« Des grands viennent d'Egypte ; l'Ethiopie accourt, les mains tendues vers Dieu » (Ps 68 : 32)

Ethiopie, Egypte et Cyrène sont des mots qui sont utilisés pour le continent africain. Il est intéressant de noter que l'Afrique, en tant que continent, est le plus mentionné dans toute la Bible. La prophétie dans Psaume 68 : 32 déclare que l'œuvre de Dieu aura un impact formidable dans l'avenir en Afrique

Déjà, dans Genèse 12, Dieu s'était identifié à l'Afrique. Abraham était venu en Afrique lors d'une famine. Abraham et Lot étaient si opulents quand ils sont venus en Afrique que cela avait conduit à des querelles entre leurs serviteurs.

Dieu a utilisé l'Afrique pour supporter, protéger et fournir pour Son action.

Toutes les tribus d'Abraham sont venues sur ce continent. Joseph a vécu quelques temps ici. Par conséquent il est clair que Dieu a utilisé l'Afrique comme un ministère pour fournir de la nourriture et un abri afin d'empêcher la vision d'Israël de mourir. Si Joseph n'était pas venu en Afrique, toute la mission concernant Israël aurait péri. A l'époque de Joseph, il avait épousé une femme africaine et eu deux enfants.

LES SAGES, SIMON -UN HOMME DE CYRENE

Quand Jésus était né, il y avait des sages qui sont venus de l'Est. Si vous faites sérieusement une recherche dans votre Bible, ces hommes étaient noirs. Ils ont vu l'étoile et l'ont suivie.

Le Nouveau Testament présente alors un lien direct avec la terre de la Bible. Jésus Christ avait été emmené bébé en

Afrique pour la sécurité contre le méchant roi Hérode.

Matthieu 2 : 15
« Il y resta jusqu'à la mort d'Hérode, afin que s'accomplit ce que le Seigneur avait annoncé par le prophète : j'ai appelé mon fils hors d'Egypte »

Notre Seigneur né en Asie a marché sur le sol de l'Afrique.

Si vous allez plus loin dans les Ecritures Saintes, quand Jésus avait été battu et on lui avait craché dessus, ils lui avaient mis une croix dessus, et quand il ne pouvait plus la porter, un homme noir est arrivé, pour aider le Christ à porter la croix jusqu'au Calvaire.

Matthieu 27 : 32 – 33
« Lorsqu'ils sortirent, ils rencontrèrent un homme de Cyrène, appelé Simon, et ils le forcèrent à porter la croix de Jésus. Arrivés au lieu nommé Golgotha, ce qui signifie lieu du crâne ».
Le fait qu'un homme soit arrivé à ce moment n'est pas une coïncidence. Il était là grâce à un rendez-vous divin. C'était cet homme noir qui avait porté la croix jusqu'à Golgotha et ceci n'était pas une coïncidence. Cyrène était une ville dans ce qui est maintenant appelé la Libye.

L'EUNUQUE ETHIOPIEN

Avant que l'évangile ait atteint le premier Européen, Dieu avait tenu son alliance avec les noirs en leur permettant d'entendre l'évangile les premiers. Le premier homme à attraper le feu était un Ethiopien, même avant que cela n'arrive au premier européen, Corneille.

Ceux d'entre nous qui avons étudié le Livre des Actes, connaissent bien l'eunuque éthiopien dans Actes chapitres 8. Il avait visité Jérusalem dans le but d'adorer Dieu et avait entendu qu'il y avait beaucoup de choses qui se passaient mais il n'avait bénéficié de rien. Il était confus, et était venu de l'Ethiopie, jusqu'à Jérusalem parce qu'il voulait quelque chose. Il ne l'avait pas obtenu et il était déçu. De toutes les façons, il portait sa Bible et la lisait. La Bible qu'ils avaient à l'époque, n'était pas comme la nôtre. C'était un rouleau de cuir très lourd. Leurs véhicules n'étaient pas confortables comme les nôtres. Cet homme avait la soif de Dieu et serrait de près les Ecritures dans cette situation inconfortable : « Comme un agneau conduit à l'abattoir... »

Actes 8 : 26 - 38
« Un ange du Seigneur, s'adressant à Philippe, lui dit : Lève toi et va du côté du midi, sur le chemin qui descend de Jérusalem à Gaza, celui qui est désert.

Il se leva, et partit. Et voici, un Ethiopien, eunuque, ministre de Candace, Reine d'Ethiopie, et surintendant de tous ses trésors, venu à Jérusalem pour adorer, s'en retournait, assis sur son char, et lisait le prophète Esaïe. L'Esprit dit à Philippe : Avance, et approche-toi de ce char. Philippe accourut, et entendit l'Ethiopien qui lisait le prophète Esaïe. Il lui dit comprends-tu ce que tu lis ? Il répondit : comment le pourrais-je, si quelqu'un ne me guide ? Et il invita Philippe à monter et à s'asseoir avec lui. Le passage de l'Ecriture qu'il lisait était celui-ci : Il a été mené comme une brebis à la boucherie ; Et, comme un agneau muet devant celui qui le tond, il n'a point ouvert la bouche. Dans son humiliation, son jugement a été levé. Et sa postérité, qui la dépeindra ? Car sa vie a été retranchée de la terre. L'eunuque dit à Philippe : Je te prie, de qui le prophète parle t-il ainsi ? Est-ce de lui-même ou de quelque autre ? Alors Philippe, ouvrant la bouche et commençant par ce passage, lui annonça la bonne nouvelle de Jésus. Comme ils continuaient leur chemin, ils rencontrèrent de l'eau. Et l'eunuque dit : Voici de l'eau ; qu'est-ce qui empêche que je sois baptisé ? Philippe dit : Si tu crois de tout ton cœur, cela est possible. L'eunuque répondit : Je crois que Jésus Christ est le fils de Dieu. Il fit arrêter le char ; Philippe et l'eunuque descendirent tous deux dans l'eau, et Philippe baptisa l'eunuque»

L'Esprit du Seigneur a dit à Philippe de rejoindre l'eunuque dans son char. Philippe lui a demandé s'il comprenait ce qu'il était en train de lire, et il a dit : « Comment le pourrais-je si quelqu'un ne me guide ? » Alors Philippe a commencé à partir de cette portion des Ecritures et lui a parlé de Jésus. Donc quand le feu de la Pentécôte devait quitter Jérusalem avant qu'il n'arrive à la porte d'un homme blanc, ou un européen, il est arrivé d'abord chez l'homme noir à travers cet Ethiopien. Avant que l'Evangile n'atteigne l'Europe, Dieu a du maintenir son alliance avec le peuple noir en le lui faisant entendre le premier. Par conséquent, d'après la Bible, l'Afrique a reçu l'évangile avant l'Europe, et cela est écrit noir sur blanc.

DETAILS HISTORIQUES

PREMIERE BIBLE MISSIONNAIRE

Avant l'arrivée du Christianisme, l'Afrique connaissait le Dieu d'Abraham, d'Isaac et de Jacob. Aussi loin qu'en l'an 260 avant Jésus Christ, le roi Ptolémée II d'Egypte, en Afrique, établit une relation avec le grand prêtre de Jérusalem. Ce dirigeant égyptien était intéressé par la manière Juive d'adorer. Le grand prêtre envoya 6 x 12 rouleaux de parchemins traduisibles à la cour de Ptolémée et ils traduisirent les livres de l'Ancien testament en grec en 6 x 12 jours. Ce livre appelé le « Septuagint » ou « Soixante Dix » était accepté par les croyants. Ceci est arrivé en Afrique. Donc, la première Bible Missionnaire a été faite en Egypte.

LE DERNIER EMPEREUR D'ETHIOPIE

On a raconté que la Reine de Saba avait visité le Roi Salomon pendant son règne pour voir sa richesse et sa sagesse. Eventuellement, cette femme donna naissance à un fils, résultat de sa relation avec Salomon. Le dernier empereur d'Ethiopie affirmait que ses racines provenaient de l'union entre le roi Salomon et la reine de Saba. On l'appelait par son titre officiel qui était le «Lion de Juda». Le fils grandit et alla chez son père Salomon en Israël. Quand il revint en Ethiopie, il ramena le plus grand trésor qu'il avait trouvé en Israël; les deux tablettes de prière sur lesquelles était inscrite la loi de Moise.

DISPERSION DES JUIFS

Le Seigneur s'est assuré de la dispersion des juifs; beaucoup d'entre eux se sont établis partout au Proche Orient, en Egypte, au Nord de l'Afrique, au Soudan et aussi loin, en Ethiopie. A l'époque du Christ, le nombre des juifs en Syrie, en Egypte, et dans d'autres endroits d'Afrique du Nord était estimé à environ un million. Les juifs emportaient avec eux les rites saints dans ces régions. La pratique religieuse de l'Eglise Orthodoxe éthiopienne d'aujourd'hui, révèle que les éthiopiens ont connu l'Ancien Testament avant que l'Evangile du Nouveau Testament n'atteigne l'Afrique. On devrait aussi noter que l'Ethiopien signifie "aithops", qui est «peau sombre»

Avant l'époque du Christ, on trouvait les juifs et leurs associés non seulement en Egypte, de Merve, et en Ethiopie, mais aussi à travers l'Afrique du Nord, d'Alexandrie et à Tanger.

Matthieu 2 : 12 - 15

«Puis divinement avertis en songe de ne pas retourner vers Hérode, ils regagnèrent leur pays par un autre chemin. Lorsqu'ils furent partis, voici un ange du Seigneur apparut en songe à Joseph, et dit : Lève-toi, prends le petit enfant et sa mère, fuis en Egypte, restes-y jusqu'à ce que je te parle ; car Hérode cherchera le petit enfant pour le faire périr. Joseph se leva, prit de nuit le petit enfant et sa mère, et se retira en Egypte. Il y resta jusqu'à la mort d'Hérode afin que s'accomplit ce que le Seigneur avait annoncé par le prophète : «J'ai appelé mon fils hors d'Egypte»

Ceci est d'une signification extrêmement importante que Jésus a dû être emmené en Afrique quand il était bébé. Le continent méprisé est mentionné comme l'endroit où notre Seigneur a été emmené. Encore, lors d'une crise, Dieu s'est tourné vers l'Afrique.

LE MARTYR DE L'APOTRE MARC

Une cérémonie qui avait eu lieu en 1968 vaut la peine d'être, mentionnée. Le martyr de Marc était commémoré. Il est intéressant de noter et de citer qu'une partie de l'invitation envoyée par le patriarche Orthodoxe copte pour la cérémonie.

« Peu de temps après l'ascension du Seigneur, Marc vint en Afrique, il était un descendant d'africains. Il était l'auteur du plus vieil évangile. Il fonda la plus vieille église d'Afrique, à Alexandrie, la cité dans laquelle il mourut comme un martyr au cours de l'été de l'année 68 avant .Jésus-.Christ »

Ce n'est pas clair si Marc est un descendant d'africains, mais il est significatif de noter que Dieu a envoyé spécialement l'auteur du plus vieil évangile en Afrique

PAUL, L'APOTRE ET SON VOYAGE MISSIONNAIRE
Actes 13: 1-5

« Il y avait dans l'église d'Antioche des prophètes et des docteurs : Barnabas, Siméon appelé Niger, Lucuis de Cyrène, Manahen qui avait été élevé avec Hérode le tétrarque, et Saul. Pendant qu'ils servaient le Seigneur dans leur ministère et qu'ils jeûnaient, le Saint Esprit dit: « Mettez moi à part Barnabas et Saul pour l'œuvre à laquelle je les ai appelés. Alors, après avoir jeûné et prié, ils leur imposèrent les mains, et les laissèrent partir. Barnabas et Saul, envoyés par le Saint Esprit, descendirent à Séleucie, et de là ils s'embarquèrent pour l'île de Chypre. Arrivés à Salamine, ils annoncèrent la parole de Dieu dans les synagogues des juifs. Ils avaient Jean pour aide. »

Quand le moment était venu pour Paul d'être envoyé pour son voyage missionnaire, des noirs ont imposé les mains sur sa tête et l'ont envoyé en avant. Ceci peut paraître incroyable à certaines personnes. Ils étaient au nombre de cinq en train de prier et l'Esprit Saint dit : séparez Paul et Barnabas pour le travail pour lequel je les ai appelés. La prophétie ne pouvait pas venir de Paul ou de Barnabas. Par conséquent il ne restait que trois personnes et deux d'entre eux étaient noirs. Niger et Lucuis de Cyrène. Ils ont alors effectué l'imposition des mains sur Paul et Barnabas et les ont envoyés au dehors. Niger à partir duquel le fleuve Niger et les pays Niger et Nigéria ont été nommés signifie noir.

Ainsi seuls les gens qui sont ignorants en matière d'Ecritures Saintes peuvent maintenir que le Christianisme est une religion étrangère à l'Afrique. Le problème est que le Christianisme n'est même pas une culture étrangère, c'est une nouvelle nature.

Dans la période du début du Christianisme, l'Afrique du Nord et l'Asie Mineure étaient des lieux avec des églises les plus puissantes. Au cours des quatre premier siècles, l'Afrique a produit beaucoup d'éminents théologiens. Augustine d'Hippo a eu une influence plus durable sur la théologie Chrétienne qu'aucune autre personne depuis l'apôtre Paul. Son esprit pratique africain peut être noté dans les théologies chrétiennes. Cyprian, Athanasius, Tertullien et Origene étaient tous des théologiens africains remarquables. Proclamer que le christianisme est une religion de l'homme blanc seulement parce que les missionnaires blancs ont apporté l'évangile il y a deux cents ans n'est pas historiquement exact. Le Christianisme est au départ une affaire asiatique et africaine et non européenne. Mais ce fait ne donne en aucun cas un monopole asiatique ou africain sur le Christianisme. Dieu a donné Sa révélation au monde entier. L'invitation est envoyée à tous les peuples de toutes les cultures.

«Tournez-vous vers moi, et vous serez sauvés, vous tous qui êtes aux extrémités de la terre! Car je suis Dieu et il n'y en a point d'autre.» (Esaïe 45 : 22)

«Venez à moi, vous tous qui êtes fatigués et chargés, et je vous donnerai du repos» (Matthieu 11 : 28)

Si quelqu'un veut rejeter le Christianisme, il faut qu'il le fasse sous un autre prétexte et non pas avec l'excuse que c'est la religion des blancs.

Nous avons une dette envers les missionnaires modernes, pour avoir apporté l'évangile en Afrique, mais ils sont seulement des messagers. Historiquement, le Christianisme était florissant en Afrique longtemps avant qu'il n'ait atteint les Îles britanniques et l'Amérique du Nord, d'où beaucoup de ces missionnaires sont partis. Nous pouvons, par conséquent, appeler avec raison le Christianisme une religion africaine.

Il y a plusieurs centaines d'années, existaient en Afrique beaucoup de royaumes et d'empires florissants dont le genre de civilisation est comparable à celle qui était développée au même moment dans les autres régions du monde. Ces royaumes et empires comprenaient l'ancien Ghana, le Mali, le Songhaï, les états haoussas et les empires Bornou - Kanem. Malheureusement de nos jours, presque tous ces empires et ces royaumes ont disparu. Les commerces prospères Trans-sahariens ont également disparu. Les universités de Tombouctou et de Sankore et d'autres institutions ont été aussi détruites.

CAUSES DE LA RAGE SATANIQUE CONTRE L'HOMME NOIR

«Pourquoi ce tumulte parmi les nations, ces vaines pensées parmi les peuples? Pourquoi les rois de la terre se soulèvent-ils et les princes se liguent –ils avec eux contre l'Eternel et contre son oint?» (Psaume 2: 1- 2)

L'ennemi ne s'oppose pas à ce qui ne lui pose aucun défi à son royaume. Vous ne gaspillez pas vos balles sur un cadavre.

1- Dieu est en train de préparer l'Afrique pour la moisson des âmes de la fin des temps.

«Des grands viennent de l'Egypte; l'Ethiopie accourt, les mains tendues vers Dieu» (Psaume 68: 31

«Ainsi parle l'Eternel: Les gains de l'Egypte et les profits de l'Ethiopie, et ceux des Sabéens à la taille élevée, passeront chez toi et seront à toi; ces peuples marcheront à ta suite, ils passeront enchaînés, ils se prosterneront devant toi, et te diront en suppliant: c'est auprès de toi seulement que se trouve Dieu, et il n'y a point d'autre Dieu que lui» (Esaïe 45: 14

* Dieu a toujours utilisé l'Afrique pour protéger, supporter et fournir pour Son action.
* L'Afrique deviendra une école militaire spirituelle dans les derniers jours d'où les soldats de la croix seront préparés et envoyés dans toutes les nations du monde.
* On peut voir le cycle de la propagation du Christianisme en Asie, en Afrique, en Europe, en Amérique et de retour en Afrique et dans le reste du monde. Ce cycle se répètera dans les derniers jours quand les africains et les asiatiques porteront l'évangile en Europe.
* L'Afrique représente les 'yeux spirituels' des nations
* Le Tout Puissant a toujours compté sur les noirs au moment des crises.
* Chaque fois que Dieu veut commencer une nouvelle Action, un homme noir est toujours arrivé à point.

Ce n'est pas étonnant qu'il y ait une rage satanique méchante pour empêcher l'homme noir d'accomplir son objectif et son destin divins.

QU'EST-CE QUI NOUS A MAINTENANT DETOURNES DE CE DESSEIN DIVIN?

Qu'est-ce qui nous a maintenant détournés de ce dessein divin? Pourquoi l'Afrique est-elle devenue une terre de coupeurs de bois et de puiseurs d'eau?

LE PECHE, Surtout l'idolatrie

Premièrement, il y a le péché. Le péché tuera, et Dieu hait le péché d'une haine parfaite. Tant que nous continuons dans le péché, nous nous éloignerons de plus en plus du dessein de Dieu. Le pécheur deviendra un esclave, un coupeur de bois et un puiseur d'eau.

Une vieille femme m'a raconté une histoire. Son grand-père était un chef de village, qui avait l'habitude de piler des bébés d'un mois dans des mortiers, parce qu'il ne voulait pas mourir à temps. Le péché a détourné l'homme noir de ce que Dieu veut qu'il soit. Tant que nous continuerons sur le modèle de péché que nos ancêtres avaient commis, alors, nous resterons en servitude. Nous devons sortir de là rapidement.

L'auteur Sud-africain, actuellement décédé, Alain PATON résume ceci dans "Pleure mon pays bien aimé" *« On est tenté de pleurer sur le nombre de gens éduqués produits par le géant de l'Afrique seulement pour qu'ils échappent aux gouvernements africains chauds et oppresseurs de l'Afrique pour servir les puissances étrangères. Ceux qui choisissent de rester sont soit rendus stériles par la bureaucratie ou charmés pour ne pas produire de leur meilleur par leurs frères moins chanceux possédés par des démons ».*

L'idolâtrie est à la source du problème africain, qu'il soit social ou économique.

Aujourd'hui, l'Afrique entière passe par des moments difficiles parce que nos ancêtres sont allés à l'encontre des lois du Dieu Tout Puissant. Dieu ne nous a pas donné la richesse pour ranimer nos idoles. Prenez l'exemple du Nigéria célébrant le festival des Arts et de la Culture en 1977. Beaucoup de Nigérians bien pensants ont parlé contre le FESTAC. Le feu Obafemi Awolowo dans le Sunday Times du 7 Décembre 1975 disait: « Je ne sais pas ce qu'ils veulent accomplir avec ce jamborée culturel ». D'après moi, il est inutile pour la nation de ranimer toutes les cultures primitives pour que les gens les voient.

Il disait que cela donnerait l'impression que nous voulons revenir en arrière simplement parce que nous ne savons

pas comment aller de l'avant. En ce qui concerne la race blanche, il disait:
«Ils sont intéressés à nous regarder démontrer notre naïveté et notre état primitif. Ce qui est nécessaire maintenant est de continuer à nous améliorer dans notre savoir faire en matière de Technologie et non de montrer au monde comment nous sommes primitifs».

Pour lui, la multitude de millions projetés pour FESTAC devrai être détournée pour équiper nos laboratoires, agrandir nos moyens d'éducation, améliorer l'agriculture, les services de santé et vétérinaires.
«La nation gagnerait alors énormément plutôt que d'observer des exhibitions primitives»
Malgré tous les conseils des sages, le gouvernement passa outre et organisa le FESTAC.
L'Afrique est comme un champion en cage. Si la terre et les ressources minières sont bien gérées, elle peut nourrir et financer le monde entier.

2. L'ADORATION DES DÉMONS

Tant que nous continuerons à adorer les idoles, Dieu sera loin de nous. Il y a beaucoup d'endroits étranges de nos jours où les choses qui ne sont pas de Dieu sont adorées.

L'homme noir malheureusement voyagera encore loin de là où Dieu veut qu'il soit, à cause de cela. Toutes les idoles devraient être détruites.

LES SACRIFICES AUX POUVOIRS DES TENEBRES

Ceci est l'un des détournements nous éloignant du dessein divin. Nous avons entendu des témoignages des gens kidnappés; Qu'est-ce que les kidnappeurs allaient faire de leur corps? Un sacrifice.

4.   L'ESPRIT DE POLYGAMIE

Il a détruit tellement de vies. Aujourd'hui, beaucoup de gens soit disant éduqués sont des polygames et ne s'en inquiètent pas.

5.   LA PERVERSION SEXUELLE

Elle a également détruit tant de vies. Une sœur a prié : « O Eternel, qu'est-ce qui m'a retenu ? »

Dieu lui a montré une vision de quatre vingt douze hommes et a dit "Tu as couché avec tous ces hommes". Elle a dit « Non, j'ai eu juste un petit ami ». Alors l'ange lui donne cette analyse : « Ton petit ami couchait avec une autre fille. Ce qui fait deux. L'autre personne avec qui la fille couchait, avait eu des relations sexuelles avec cinq autres hommes. Ces cinq autres hommes ont couché avec vingt femmes et certaines d'entre elles étaient des prostituées. » Quand l'ange a fini ses calculs, le nombre total était de quatre vingt douze. Ceci a détruit beaucoup de gens sans aucun espoir de réparation.

Si vous êtes en train de lire ce livre et vous êtes toujours en train de voyager sur ce chemin rempli de péchés, je vous supplie de vous repentir et de changer. Beaucoup de gens utiles ont été capturés par des femmes étranges et ceci paralyse leur vie et leur cause des problèmes. Les hommes stupides n'apprendront jamais.

Quand MFM était à sa première location, à Old Yaba Road, Lagos, une femme est venue une fois en sous vêtement. J'ai demandé « Pourquoi cela ? » Elle a dit « Quand j'étais dans le monde, c'est ce que j'utilisais pour attraper les hommes stupides ». J'ai dit "Qu'est-ce que tu faisais ?" Elle a dit, "nous le mettions au fond d'une marmite, préparions notre sauce dedans et la servions à l'homme. Dès qu'il mangeait de cette sauce culotte, c'était fini pour lui. S'il a une femme à la maison, il l'oubliera ». Peut-être vous êtes en train de lire ce livre et avez mangé de cette "sauce culotte", Dieu vous délivrera. (Amen)

6.   LES EGLISES MORTES

Ce sont des endroits où les gens vont juste pour pratiquer une religion morte. Alors le diable a une bonne raison pour détruire beaucoup de ces gens qui devraient être libérés de la servitude. Dieu veut que vous soyez délivrés. Il voulait lever votre tête, briser les barres et vous libérer. Nous devrions repartir à notre position que Dieu nous a donnée. Nous devrions arrêter d'embrasser et de donner des bises à notre servitude.

7.   LA TERRE POLLUÉE

La plupart de nos terres sont polluées et si nous ne les purifions pas, beaucoup de problèmes continueront à nous voler nos bénédictions. Beaucoup de nos terres sont en servitude avec des autels aux choses maléfiques. Nous construisons de bonnes choses sur une mauvaise terre. Je ne sais pas si vous avez pensé à toutes ces choses. Beaucoup de nos terres sont des prisons, et des autels locaux, où les choses maléfiques ont été faites et les démons en ont la responsabilité. Tant que nous ne brisons pas cela et que nous ne purifions pas notre terre, nous serons toujours en train de nous battre comme peuple.

Pourquoi l'homme noir verse une libation sur le sol ? Pourquoi verse-t-il du sable là où il dit qu'il a vu des fantômes ? Pourquoi enlève-t-il du sable des empreintes des pieds ?

Pourquoi les herboristes rendent-ils hommage à la terre? Pourquoi les hommes noirs jurent-ils par la terre? Pourquoi les gens utilisent-ils la terre comme des sortilèges? Pourquoi les gens pressent-ils le sable pour des informations? Ils savent qu'il y a certains pouvoirs qu'ils ont l'habitude d'utiliser dans le monde démoniaque et ceux-ci ont toujours détourné des choses. Nous allons prier à ce point:

«O Eternel, délivre l'homme noir de la cécité»

Dans beaucoup d'endroits en Afrique, vous pouvez toujours voir des hauts lieux, où les gens avaient l'habitude d'adorer des serpents. Quand vous achetez ce genre de terre et y construisez votre entreprise ou votre foyer, vous avez construit sur des autels maléfiques; Alors les démons viendront et commenceront à y causer la confusion. Notre terre est polluée et remplie de tous genres de démons.

Un jour, nous étions en train de prier avec une fille, qui avait plié quelque chose dans un sac en plastique noir et a dit: «je voudrais vous remettre cet instrument. Il m'a été donné par les démons de la mer». La chose était la tête d'un serpent mort avec sa bouche grande ouverte. Le serpent était sec, et dans la bouche, il y avait des grains de sable blanc, le genre qu'on trouve au bord de la mer. J'ai demandé» «qu'est-ce que c'est?» Elle a répondu» «Avec ceci, je peux savoir tout ce qui se passe n'importe où dans le monde. Je peux savoir ce que quelqu'un fait à n'importe quel moment. Tout ce que j'ai à faire est de parler au sable». J'ai dit . «Je vais le brûler» Elle m'a supplié de ne pas le faire, parce que cela lui avait pris treize ans pour l'obtenir. Nous avons versé du pétrole dessus, et l'avons mis à feu mais il a refusé de brûler. Nous avons mis d'autres choses, cependant, il a refusé de brûler. Alors nous avons prié et il a commencé à brûler, et la fille pleurait. Notre terre est polluée.

La Bible dit : «Au nom de Jésus, tous les genoux fléchissent, les choses au ciel, les choses sur la terre et les choses sous la terre, mais, la zone d'en dessous la terre n'est toujours pas claire pour beaucoup de gens. Cependant, cela était pour les hommes noirs il y a longtemps. Nous devons prier à ce sujet.

Peut-être avez-vous remarqué que, depuis que votre société s'est établie à un certain endroit, rien ne marchait, il se pourrait que vous ayez construit sur un autel. Je priais pour un homme dont les affaires ne marchaient pas bien il n'y a pas longtemps, et le Seigneur m'a montré une vision. Deux femmes enceintes se sont battues, se sont tuées et ont été enterrées dans le sol où la société était située. Il n'y a rien d'étonnant que rien ne marche pour l'entreprise. Mais dès que la société a quitté cet endroit, elle a commencé à prospérer.

8. POSSESSION DE LA FONDATION PAR LES DÉMONS

Beaucoup de gens sont possédés et sont mis sous la servitude démoniaque à partir du ventre de leurs parents. Quand la fondation de la vie d'une personne a déjà été possédée par l'ennemi, pour en sortir cela pourrait être très complexe. C'est pourquoi, si vous voyez un ministère Chrétien en Afrique qui dit que la délivrance n'existe pas, c'est juste une question de temps car ils n'ont pas compris le jeu des démons. La plupart d'entre nous ici, peut-être le père ou la mère étaient nés dans les maisons d'herboristes. Certains d'entre nous auraient été accouchés dans les maisons d'herboristes, et il est naïf de croire qu'une telle chose n'aura aucun effet sur nous. Et vous pensez que tout ce que vous devez faire est de devenir né de nouveau. Non ; devenir né de nouveau vous donne seulement l'arme pour vous racheter de ce genre de servitude. Vous avez encore à vous en libérer.

Beaucoup de gens sont sous ce qu'on appelle la captivité collective. C'est une servitude dans laquelle les gens ne se sont mis directement. C'est l'astuce que le diable a utilisée contre beaucoup de gens. Depuis la fondation, il s'est assis sur eux. Ceux qu'il ne peut pas avoir dès le ventre, il attend jusqu'au huitième jour quand la cérémonie pour donner le nom a lieu. Alors, les sorciers et les sorcières se rassembleront et donneront aux bébés des noms qu'ils ont déjà produits dans leur royaume. Ils mettront tous genres de matériels démoniaques dans la bouche de chaque enfant et à partir de ce moment là, l'enfant est pollué. Le diable l'oublie et va s'en prendre à quelqu'un d'autre.

Donc si nous changeons notre position, nous devons encore devenir plus sérieux avec nos prières de délivrance pour l'homme noir. Peut-être vous qui lisez ce livre, votre grand-père et votre grand-mère étaient nés dans des hôpitaux en Angleterre; si vos grands-parents et vos parents étaient aussi nés dans des hôpitaux en Angleterre et ne sont jamais venus dans ce pays, et n'ont pas d'incisions sur leurs corps, alors vous êtes libres.

Quand vous vous asseyez pour réfléchir et vous savez que vous êtes nés en Afrique, alors, vous avez quelques batailles à livrer. Voilà comment le diable a toujours opéré, causant des problèmes dans la fondation. Quand il y a quelque chose dans la fondation, il n'est pas aussi facile de s'en prendre à cette chose comme si elle est à la surface. Regardez les huit voies, bien-aimés, que l'ennemi a utilisées avec succès pour détourner l'homme noir de son dessein; et la voie de sortie, est pour ceux d'entre nous qui sommes Chrétiens; il s'agit de nous apprêter pour la bataille pour délivrer notre peuple. Si vous essayer de sauver votre pays et c'est difficile, alors sauvez votre ville; Si vous essayez de sortir votre ville de la servitude et c'est difficile, essayez votre rue. Si vous essayez de sortir votre rue de la servitude, et c'est difficile, essayez votre foyer. Si vous essayez de sortir votre foyer de la servitude et c'est difficile, vous ferez mieux de vous délivrer. La situation est que, Chrétiens, vous devez vous libérer, après cela vous pouvez aider les autres.

DESSEIN INDIVIDUEL

Comme il y a un détournement général, il existe également des détournements sataniques individuels dans les vies. Beaucoup de gens ont placé l'échelle de leurs vies sur les mauvais murs parce qu'ils ont été spirituellement manipulés. Hormis cette chose générale, quand vous avez été créé au commencement, Dieu avait un programme, un dessein divin pour votre vie. Il ne vous a pas appelé ici pour vous amuser, Dieu a un destin divin pour vous. C'est un enseignement inexact et une doctrine très démoniaques pour vous de croire, que si Dieu a une bonne vie pour quelqu'un, quel que soit ce qui arrivera, la personne vivra cette bonne vie.

Le fait que Dieu dise : « J'ouvrirai les fenêtres des cieux et il y aura des bénédictions » ne signifie pas que quand les bénédictions arriveront, la personne les aura. Il y a deux entités séparées. Essayez de comprendre cela. Le destin divin de Jabès n'était pas ce qui lui arrivait jusqu'à ce qu'il ait décidé de changer sa vie. Il refusa d'être détourné.

A partir du moment où Dieu a un programme divin pour vous et vous refusez de bouger un tout petit peu vers la droite et voilà : un voyage de quarante jours deviendra celui de quarante ans. Ce qui devrait arriver facilement deviendra difficile et si la personne ne fait pas attention, elle finira éventuellement en enfer, à cause de ce détournement. Dieu a un dessein pour votre vie. Il a un programme pour votre vie. Il a ce qu'il veut que vous deveniez, il a la personne qu'il veut que vous épousiez, l'école qu'il veut que vous fréquentiez, tout est là en accord avec son plan.

Quelqu'un a donné un témoignage ; il était un grand homme avec une grande licence, mais il ne réussissait pas. Alors un jour il a prié en colère et Dieu l'a dirigé vers un homme de Dieu qui a déclaré « Monsieur, vous êtes un grand homme, avec une grande licence, mais pendant toutes vos cinquante années, vous étiez en train de poursuivre des ombres, et n'êtes pas en train de faire ce que Dieu a au départ façonné pour vous ». L'homme a dit : « Qu'est-ce que je dois faire ? » L'homme de Dieu lui a dit de partir et de prier. Alors Dieu lui a révélé qu'il était supposé vendre de l'huile végétale. L'homme a alors obéi et en quelque mois, il est devenu un millionnaire. Voilà ce qui arrive quand vous êtes en plein dans le programme de Dieu. Si vous êtes en dehors, même d'un pas, vous aurez des problèmes.

Beaucoup de gens qui lisent ce livre ont été détournés, démoniaquement. Certains ont passé 50 ou 40 ans à préparer des bûches de bois dans des églises mortes. D'autres ont passé beaucoup plus longtemps à préparer à manger pour l'ennemi, le porter sur le lieu de sacrifice ou le mettre sur le paillasson de l'ennemi. Dieu a un dessein et un programme divins pour vous et tant que vous ne le retrouverez pas et commencer à marcher dedans, il y aura sans cesse des problèmes. Il se peut que vous pensiez que tous les sorciers du pays sont contre vous, alors que tout ce que vous avez à faire est de retourner à ce que Dieu veut que vous fassiez, pas ce que vous voulez faire, mais ce qu'il veut que vous fassiez.

Beaucoup de sœurs me font pitié. Dieu plante un très bon mari quelque-part et dit: «Voilà ton mari, il habite ici» Mais de nulle part, le diable fournit un détournement. La Soeur qui cherche un bon mari est maintenant en train de se balader avec un homme marié; et comme ses mains sont pleines déjà, Dieu dira: «Je ne peux pas mettre deux choses dans cette main, laisse tomber ton détournement et prends le mari qu'il faut». Mais les gens généralement restent collés au détournement, certains pendant des années, jusqu'à ce que le diable dise, «Oui, si tu veux, tu peux maintenant partir. J'ai déjà fini ma mission». Je prie que de telles gens soient délivrées, au nom de Jésus.

1- Tous les efforts pour aller de l'avant, s'achèvent en échec. Ceci montre qu'il y a un problème

2- Toujours rêver de votre lieu de naissance et de retourner dans un lieu précis. Peut –être vous retrouvez-vous où vous avez habité quand vous étiez enfant ou dans votre ancienne école secondaire. Dieu est en train de dire que vous avez été détourné à cet âge et vous devez en revenir. Si le rêve continue à se répéter, Dieu est en train de vous dire que vous n'avez rien fait à ce sujet, ou que ce que vous avez fait n'est pas suffisant.

3- Si vous avez été une fois poursuivi par des gens masqués ou des serpents. Pourquoi vous poursuivent-ils? Ils veulent que vous vous égariez sur votre chemin. La personne qu'ils poursuivent ne peut pas regarder attentivement où elle va. Ils veulent juste que la personne s'égare.

4- Blocages au seuil des miracles

5- Agitation incessante dans le mariage. Les gens se plaignent qu'ils ont eu des problèmes dès le début du mariage

6- Incapacité à finir toutes bonnes choses

7- Constamment endetté et n'être jamais financièrement équilibré

8- percées amputées

9- Arriération spirituelle constante

10- Ennemis imaginaires

11- Faire sans cesse des erreurs

12- Femmes qui sont toujours renvoyées de leurs foyers pour retourner chez leurs parents.

13- Ce que beaucoup de gens appellent la maison familiale peut être appelé l'abattoir.

14- Echec constants

15- Voir des choses que les autres ne voient pas

16- Echecs en affaires, surtout après s'être établi dans une nouvelle location

17- Héritage maléique.

Bien-aimés, quelquefois c'est mieux pour vous de travailler de vos propres mains et accumuler des biens. Quand vous ne connaissez pas l'origine d'une richesse ou d'une propriété, et que quelqu'un vous la laisse en héritage et vous vous asseyez dessus, vous partagerez la punition avec lui.

Un frère qui était le fils unique de sa mère a hérité deux maisons d'elle. Quand il a accédé à ces deux propriétés, ses finances se sont écroulées. Avant qu'il n'ait eu ces deux maisons, ses affaires marchaient bien. Il n'empruntait pas, mais dès qu'il est devenu le propriétaire de ces deux maisons, et que leurs loyers commençaient à entrer dans son compte en banque, les problèmes ont commencé. Il a prié sur ce sujet pendant cinq ans. Il ne savait pas ce qui n'allait pas. Tout allait si mal qu'il n'arrivait plus à se nourrir proprement.

Alors un jour, il a pleuré à l'Eternel et Lui a demandé ce qui arrivait Qu'est-ce qui n'allait pas. Le Seigneur a dit : « Pourquoi ne me l'as-tu pas demandé au cours de ces cinq dernières années ? Tu as un héritage maléfique. Ne sais-tu pas comment ta mère a acquis ces maisons ? Elles les a acquis en enterrant des bœufs, alors tu partages la punition avec elle». Dieu alors lui a dit d'abandonner les maisons. Deux semaines plus tard, son sort a changé encore et les choses ont commencé à aller bien pour lui. Tous ceux qui se battent pour un héritage, peut être Dieu est même en train de vous aider, quand vous n'en avez aucun. Dès que vous aurez votre part d'héritage, une autre bataille commencera sauf si la personne qui l'a laissé était un Chrétien avant sa mort.

QUE FERONS-NOUS MAINTENANT?

Nous allons prier. Dieu vous a apporté ce livre dans un but précis. Personne ne le lit par hasard. Parce que vous l'avez lu, le diable a fait une autre erreur. Le diable peut faire des erreurs. Il n'avait pas assez bien lu la Bible pour savoir que Jésus a dit : « Si je suis élevé, j'élèverai tous les hommes à Moi ». Il a fait une erreur et est allé élevé Jésus sur la croix et alors qu'est ce qui s'es passé. Il a attiré tous les hommes à Lui ;

Parce qu'il y a un détournement général satanique pour la race noire, la voie de sortie est de retourner à Dieu, se repentir et de se détourner de nos méchantes habitudes. Si nous nous repentons, et nous détournons de nos méchantes habitudes et que nous venons devant l'Eternel, et arrêtons de dépendre de notre intelligence locale, et que nous dépendons seulement de Dieu, les choses changeront pour le meilleur.

Le premier pas vers le rejet du détournement satanique est d'être né de nouveau. D'arrêter de pratiquer la religion. De goûter et de voir que l'Eternel est bon.

1- Vous devez devenir né de nouveau
2- Vous devez vous repentir (à la fois au niveau national et individuel)

3- Alors vous devez renoncer aux alliances conscientes ou inconscientes
4- Vous devez attaquer violemment l'autel maléfique
5- Et ensuite vous paralysez l'homme fort
6- Utilisez les stratégies de la guerre spirituelle dans la Bible pour obtenir la liberté

Voilà de quelle manière on peut sortir de ce détournement. Si vous voulez rester là où votre pasteur dit qu'il n'y a pas de délivrance, que Dieu ait pitié de vous. Jésus a passé un tiers de son temps à faire la délivrance.

Examinons un exemple dans la Bible qui est un très bon livre. C'est notre manuel. La Bible vous dira qui votre ennemi est, les tactiques de l'ennemi et comment lui faire subir la défaite ; comment faire pour que les anges agressifs de Dieu combattent pour vous, et comment paralyser les autels maléfiques.

I Rois 13 : 1-5 :
« Voici, un homme de Dieu arriva de Juda à Béthel, par la parole de l'Eternel, pendant que Jéroboam se tenait à l'autel pour brûler des parfums.

Il cria contre l'autel, par la parole de l'Eternel, et il dit Autel ! autel ! Ainsi parle l'Eternel : « voici, il naîtra un fils à la maison de David; son nom sera Josias; il immolera sur toi les prêtres des hauts lieux qui brûlent sur toi des parfums, et l'on brûlera sur toi des ossements d'hommes! Et le même jour il donna un signe, en disant: C'est ici le signe que l'Eternel a parlé: Voici, l'autel se fendra, et la cendre qui est dessus sera répandue. Lorsque le roi entendit la parole que l'homme de Dieu avait criée contre l'autel de Béthel, il avança la main de dessus l'autel, en disant: Saisissez-le! Et la main que Jéroboam avait étendue contre lui devient sèche, et il ne put la ramener à soi. L'autel se fendit, et la cendre qui était dessus fut répandue, selon le signe qu'avait donné l'homme de Dieu, par la parole de l'Eternel».

Cet homme de Dieu venait de Judée et s'est tenu où le roi brûlait de l'encens. Des êtres humains se tenaient debout tout autour mais c'était à l'autel que Dieu avait envoyé l'homme de Dieu pour l'adresser. Il y a un démon dans cet autel, qui va écouter ce que Dieu avait à dire. Alors il a crié contre l'autel. La Bible dit: «L'Eternel est un guerrier, l'Eternel est Son nom.»

Toute main maléfique pointée contre vous s'asséchera au nom de Jésus.

Nous devons paralyser tout autel maléfique, tout prophète ou prêtre de l'autel qui veulent vous harasser pour avoir fait écrouler l'autel. Leurs mains se sècheront s'ils les lèvent contre vous. Beaucoup de matériels appartenant à des gens sont apportés chaque jour à ces autels maléfiques. Des photos, des chaussures, des vêtements, etc...sont utilisés pour attaquer les gens avec comme objectif de les sacrifier sur l'autel des morts.

Tous les points de prières doivent être dits avec une colère Sainte. Si l'ennemi vous détourne juste pour une seconde, cette seconde peut avoir une implication qui durera toute la vie. Elle peut affecter votre vie pour toujours. Nous remercions Dieu pour une chose ; Il est la seule personne qui puisse réorganiser un détournement, qu'il soit tordu n'importe comment par rapport au rendez-vous divin. Pleurez à Lui avec un cœur ouvert, avec un cœur rempli d'une colère juste. Nous employons la colère sainte quand l'ennemi dépasse les bornes Certains d'entre nous ne comprenons pas qu'une simple immoralité négligente peut changer le cours d'une vie. Une petite herbe que vous prenez de quelqu'un et mettez dans votre bouche peut changer le cours de votre vie. Le diable n'est pas un imbécile, il est très rusé. S'il peut réussir à détourner une personne et la laisser flotter, il est content. Il sait que la personne bientôt flottera vers lui, parce qu'il effectue un voyage qui n'a pas été précisé divinement. Bien-aimés, je veux que nous fassions sérieusement ces points de prières.

SECTION DE PRIÈRES

1- Je fais marche arrière de tout détournement maléfique, au nom de Jésus

2- Je fais marche arrière de tout détournement satanique, au nom de Jésus

3- Je rejette tout détournement satanique, au nom de Jésus

4- Tout autel maléfique façonné contre moi, sois rôti, au nom de Jésus

5- Tout ennemi de la paix dans ce continent, reçois une double frustration, au nom de Jésus

6- Nous lions tous les démons buvant du sang sur ce continent, au nom de Jésus

7- Je me couvre ainsi que ma famille de la protection du feu de Dieu, au nom de Jésus

STRATEGE DE PRIERE POUR FRUSTRER LE DETOURNEMENT SATANIQUE

Les Chrétiens africains devront travailler plus dur qu'ils ne le font actuellement s'ils veulent racheter notre terre et frustrer le détournement satanique. Pour racheter notre continent, nous devons :

2- Repérer et inspecter les zones où Satan a emprisonné le continent

3- Prendre des dispositions pour enlever complètement notre continent du pouvoir de Satan.

4- Tenir le pouvoir rédempteur du Sang de Jésus sur le

continent.

5- Prier pour la restauration du continent au niveau du Standard divin.

Pour y parvenir, les mesures suivantes sont recommandées:

1- Ceux qui ont le fardeau devraient le partager avec d'autres

2- Obtenir la participation des Chrétiens qui sont courageux, saints, remplis de foi et qui sont des intercesseurs.

3- Préparer leur cœur grâce au repentir, à l'humilité, à la sainteté, à la prière et au jeûne.

4- Peiner dans la prière et s'engager dans une guerre de prières jusqu'à ce que les desseins de Dieu soient accomplis. Les sections de prières pourraient suivre l'étapes ci-dessous:

a- Louange et Adoration

b- Confession des péchés à l'Eternel pour notre peuple, particulièrement les ancêtres

c- Vous recouvrir du Sang de Jésus.

d- Demander à Dieu de vous envoyer des anges protecteurs tout au tour de vous

e- Renoncer l'alliance

f- Paralyser l'homme fort ancestral

g- Faire des prières agressives pour briser la servitude

h- Repérer les lieux des opérations démoniaques comme les hauts lieux, les carrefours, les plages, les forêts maléfiques, les palais, les places du marché, etc ... et attaquer ces forteresses avec des prières.

i- Faire des prières violentes à l'adresse des autels maléfiques dans les hauts lieux, le dieu / les dieux / les idoles résidents, la pollution de la terre avec le sang, les religions démoniaques des fondateurs·et des premiers habitants, des fondations maléfiques, du siège du pouvoir et des trônes maléfiques liés par l'alliance, pour les humilier.

j- Prier pour la libération et le recouvrement des profits et des bénédictions perdus.

k- Prophétiser la vie et les bénédictions sur le continent.

5- Les croyants devraient s'engager dans l'évangélisation agressive pour tourner nos nations vers Christ.

6- Quelques échantillons de points de prières sont listés en français et en anglais à la fin de ce livre.

LES PRIERES POUR AFRIQUE

LES ECRITURES SAINTES: 1Tim. 2:1-2: J'exhorte donc, avant toute chose, à faire des prières, des supplications, des requètes, des actions de grâces, pour tous les hommes, pour les rois et pour tous ceux qui sont élevés en dignité, afin que nous menions une vie paisible et tranquille, en toute piété et honnêteté.

Jer. 1: 10: Regarde, je t'établis aujourd'hui sur les nations et sur les royaumes, pour que tu arraches et que tu abattes, pour que tu ruines et que tu détruises, pour que tu bâtisses et que tu plantes. Esaie 61: 1-6; Eph. 6:10-16.

1. Père Céleste, au nom de Jésus, nous confessons tous les péchés et les iniquités de la terre de nos ancêtres, de nos leaders et du peuple: par exemple, la violence, le rejet de Dieu, la corruption, les idolâtries, le vol, le soupçon, l'injustice, l'amertume, les émeutes sanguines, les pogroms, la révolte, la conspiration, l'écoulement du sang des innocents, les conflits entre tribus, l'enlPvement et le meurtre des enfants, l'occultisme, la mauvaise administration, la négligence etc.

2. Nous implorons Ta miséricorde et Ton pardon, au nom de Jésus.

3. Seigneur, souviens-Toi de notre continent et rachPte notre terre.

4. Seigneur, sauve notre continent de la destruction et du jugement.

5. Que Ton pouvoir de guérir, de soulager commence par opérer sur notre continent, au nom de Jésus.

6. Que toutes les forces des ténèbres empéchant Dieu d'agir dans notre continent, deviennent impotentes, au nom de Jésus.

7. Nous ordonnons l'homme fort spirituel qui s'occupe de ce pays d'être ligoté et honni, au nom de Jésus.

8. Que tous les établissements maléfiques et toutes les plantations des arbres diaboliques dans ce continent soient déracinés et jetés au feu, au nom de Jésus.

9. Nous sommes contre tout esprit de l'anti-Christ en fonction contre ce continent et nous l'ordonnons d'être permanentement frustré, au nom de Jésus.

10. Nous commandons les pierres de feu de l'Eternel d'abattre toutes les machinations sataniques érigées contre notre continent, au nom de Jésus.

11. Que tout désir, projet, strategie et espoir de l'ennemi contre ce continent soient complètement frustrés, au nom de Jésus.

12. Que toutes les malédictions diaboliques sur cette nation s'écrasent et meurent, au nom de Jésus.

13. Par le Sang de Jésus que tous les péchés, toute impiété, et idolâtrie et tous les vices cessent dans le continent, au nom de Jésus.

14. Nous détruisons tout engagement maléfique et toute consécration entrepris contre ce continent, au nom de Jésus.

15. Nous implorons le Sang de Jésus sur ce continent, au nom de Jésus.

16. Nous décrétons la volonté de Dieu pour le continent que le diable veuille ou pas, au nom de Jésus.

17. Que toute puissance et autorité contraires à notre continent soient confuses et honnies, au nom de Jésus.

18. Nous fermons tout portail satanique dans chaque village ou ville de ce continent, au nom de Jésus.

19. Que tout trône maléfique dans ce continent s'écrase, au nom de Jésus.

20. Nous ligotons toutes les forces contraires existant dans la vie de nos leaders dans ce continent, au nom de Jésus.

21. O Seigneur, mets tes mains de feu et de pouvoir sur tous nos leaders dans ce continent, au nom de Jésus.

22. Nous ligotons tout diable buveur du sang dans ce continent, au nom de Jésus.

23. Que le Prince de la paix rPgne dans tous les aspects de la vie de ce continent, au nom de Jésus.

24. Que tout esprit anti-évangile soit frustré et rendu impuissant, au nom de Jésus.

25. O Seigneur, donne-nous dans ce continent des leaders qui verront leurs rôles comme une vocation et un appel au service, au lieu d'une occasion pour s'amasser des richesses.

26. Que toute forme d'impiété soit détruite par le divin feu ardent, au nom de Jésus.

27. O Seigneur, fais que nos leaders soient pleins d'intelligence et de sagesse.

28. O Seigneur, fais que les leaders de ce continent suivent les conseils de l'Eternel et non ceux de l'homme ou du diable.

29. O Seigneur, fais que les leaders de ce continent aient la sagesse et la connaissance de Dieu.

30. O Seigneur, fais que notre gouvernement soit celui qui règne selon les instructions et les principes de Dieu.

31. Que tout autel démoniaque dans ce continent reçoive le feu divin et soit réduit en cendres, au nom de Jésus.

32. Nous réduisons au silence tous les prophètes et les prêtres

diaboliques ainsi que les féticheurs, au puissant nom de Jésus. Nous les interdisons de se mêler des affaires de cette nation.

33. Que le Sang de Jésus purifie notre terre de toute contamination sanguine, au nom de Jésus.

34. Nous ordonnons le feu de Dieu sur toutes les idoles, les sacrifices, les rituels, les hauts' lieux et les trônes sataniques dans ce pays, au nom de Jésus.

35. Nous brisons tout accord condu consciemment ou inconsciemment entre le peuple de l"Afrique et le diable, au nom de Jésus.

36. Nous revendiquons et consacrons toutes nos villes à Jésus, au nom de Jésus.

37. Que tout le monde éprouve la bénédiction et la présence de Dieu dans toutes nos villes et tous nos villages, au nom de Jésus.

38. Nous décrétons la paralysie totale sur toute anarchie, toute immoralité, toute addiction à la drogue en Afrique, au nom de Jésus.

39. Que la puissance, l'amour et la gloire de Dieu soient établis dans notre pays, au nom de Jésus.

40. Que les chrétiens en Afrique aient soif et faim de Dieu, au nom de Jésus.

41. O Seigneur, fais en Afrique un lieu de renaissance spirituelle.

42. O Seigneur, mets Tes mains de pouvoir et de puissance sur l'Armée, la Police, les Etablissements et les Institutions, les Universités et Collèges de l"Afrique.

43. Que la puissance de la résurrection de Notre Seigneur Jésus Christ soit sur notre économie en Afrique, au nom de Jésus.

44. Que l'abondance et la prospérité manifestent dans tous les aspects de la vie de l"Afrique, au nom de Jésus.

45. Nous commandons que toute menace à la stabilité politique, économique et sociale en Afrque soit paralysée, au nom de Jésus.

46. Nous frustrons toutes les influences externes sataniques venant des autres nations, au nom de Jésus.

47. Nous ordonnons confusion et désaccord entre les fils de l'esclave qui cherchent à mettre ce continent en cage, au nom de Jésus.

48. Nous brisons tout engagement entre toute influence externe diabolique et nos leaders, au nom de Jésus.

49. Nous paralysons tout esprit de gaspillage des ressources économiques de ce continent, au nom de Jésus.

50. Que l'esprit d'emprunter quitte complètement ce continent, au nom de Jésus.

51. O Seigneur, démontre que tu es le tout PUISSANT dans les affaires de l"Afrique.

52. Que le royaume du CHRIST vienne dans ce continent, au nom de Jésus.

53. O Seigneur, fais des merveilles dans notre pays pour montrer Ta PUISSANCE et ta GRANDEUR aux païens.

54. Que le royaume de Notre Seigneur Jésus vienne dans le coeur de chaque citoyen de ce pays, au nom de Jésus.

55. O Seigneur, aie pitié de ce continent.

56. Que toute la gloire d"Afrique qui l'a quittée lui soit restaurée, au nom de Jésus.

57. Que tout endroit non évangélisé en Afrique soit atteint par la

Bonne Nouvelle de Notre Seigneur Jésus-Christ, au nom de Jésus.

58. O Seigneur, envoie des ouvriers dans Ton vignoble pour atteindre les inaccessibles en Afrique.

59. Nous démantelons la forteresse de pauvreté dans ce continent, au nom de Jésus.

60. O Seigneur, installe ton programme pour Afrique.

61. Que toute puissance des ténèbres qui domine nos établissements scolaires soit honnie, au nom de Jésus.

62. Que tous les représentants diaboliques de postes importants dans ce continent soient déchus, au nom de Jésus.

63. Que tout trône spirituel derriPre tous les trônes physiques dans ce continent soit démantelé, au nom de Jésus.

64. Que tout engagement diabolique fait au nom de ce pays par quiconque soit nullifié, au nom de Jésus.

65. Nous foulons au pied tous les serpents et les scorpions des conflits ethniques dans ce continent, au nom de Jésus.

66. Nous décrétons les réalignements des situations autour de nous en notre faveur, au nom de Jésus.

67. Nous détrônons tout roi étrange installé sur nous dans le domaine spirituel dan ce continent, au nom de Jésus.

68. Que toutes les principautés, les puissances, les souverains des ténèbres, la méchanceté spirituelle dans les lieux célestes militant contre Afrique soient ligotés et honnis, au nom de Jésus.

69. Que la droiture ou la vertu règne dans tous les systèmes de l"Afrique, au nom de Jésus.

70. Actions de grâce - Louanges.